Roy Publicae

Positiv

Roy Publicae

Positiv

Corona

Dictus Publishing

Imprint
Any brand names and product names mentioned in this book are subject to trademark, brand or patent protection and are trademarks or registered trademarks of their respective holders. The use of brand names, product names, common names, trade names, product descriptions etc. even without a particular marking in this work is in no way to be construed to mean that such names may be regarded as unrestricted in respect of trademark and brand protection legislation and could thus be used by anyone.

Cover image: www.ingimage.com

Publisher:
Dictus Publishing
is a trademark of
International Book Market Service Ltd., member of OmniScriptum Publishing Group
17 Meldrum Street, Beau Bassin 71504, Mauritius
Printed at: see last page
ISBN: 978-613-7-35518-3

Inhaltsverzeichnis:

I. Corona positiv:

Was passiert, wenn man sich mit dem Coronavirus ansteckt? Welche Schutzmaßnahmen gelten und wie mit positiv getesteten Personen umgegangen wird, liest du hier.[1]

Wer momentan grippeähnliche Symptome entwickelt, also etwa Fieber, Husten und Atembeschwerden, ist dazu aufgerufen, einen Arzt oder die speziell eingerichtete **Hotline 1450** und die zuständige Gesundheitsbehörde anzurufen — in Graz handelt es sich dabei um das **Gesundheitsamt**. Wenn eine Ansteckung wahrscheinlich ist, kommt eine zuständige Person zu Hause vorbei um auf den Erreger zu testen. Ab diesem Zeitpunkt darf man das Haus nicht mehr verlassen, auch nicht zum Einkaufen oder Spazieren. Besorgungen müssen von Freunden oder Freiwilligen erledigt werden, am besten kontaktlos.

---

[1] Vgl. https://futter.kleinezeitung.at/corona-das-passiert-nach-einem-positiven-testergebnis/

Nach dem Testergebnis

Wenn das Testergebnis positiv ausfällt, wird die **Heimquarantäne** verlängert. Sollten die Krankheitssymptome schlimme Ausmaße annehmen, wird man angehalten, den Notarzt zu kontaktieren. Ansonsten erhält man Ratschläge, wie man sich zu Hause auskurieren kann.

Bei einem positiven Testergebnis wird zudem eine **Liste an Personen** erstellt, mit denen man in den letzten Tagen in Kontakt war. Das betrifft natürlich auch den Arbeitsplatz – weswegen momentan so viele Unternehmen auf Home-Office umstellen. Betroffene Personen werden kontaktiert und ebenfalls getestet, wenn bei ihnen Symptome aufgetreten sind. Wenn sie keine Symptome zeigen, ist ein Test auf COVID-19 nicht möglich. In dem Fall wird ebenfalls Heimquarantäne verschrieben, denn eine Ansteckung ist auch von Personen möglich, die selbst (noch) keine Symptome zeigen.

Das Ende der Heimquarantäne

Personen, die in Kontakt mit erkrankten Personen waren und keine Symptome zeigen, müssen für 14 Tage (ab dem Zeitpunkt des Letztkontakts mit der positiv getesteten Person) strikt zu Hause bleiben. Sollten in dieser Zeit Symptome auftreten, werden sie auf den Erreger getestet. Ansonsten dürfen sie nach Ablauf dieser Zeit ihre Wohnung für etwaige Erledigungen wieder verlassen.

Etwas anders läuft es bei Personen ab, die positiv auf Corona getestet wurden. Nach Abklingen der Symptomatik müssen drei Tage vergehen, dann wird erneut eine Testung auf COVID-19 durchgeführt. Wenn dieser Test negativ ausfällt, wird ein zweites Mal auf den Krankheitserreger getestet. Erst wenn auch dieser zweite Test negativ ist, darf die Heimquarantäne beendet werden.

Radikale Maßnahmen

Die Maßnahmen der österreichischen Regierung klingen extrem, haben aber allesamt nur ein Ziel: Die Ausbreitung des Corona-Virus so weit einzudämmen, dass Krankenhäuser nicht überlastet werden. Viele Menschen hoffen, dass durch die Sicherheitsmaßnahmen die Ausbreitung von COVID-19 sogar gänzlich gestoppt werden kann. Daher sollte man momentan die Wohnung wirklich nur für die allernötigsten Besorgungen verlassen.

Wenn man Angst hat, sich mit Corona angesteckt zu haben, gilt nach wie vor, dass man sich telefonisch an einen Arzt oder an die 1450 melden soll. Dies nicht zu tun, ist grob fahrlässig, denn nur so kann eine Ansteckung bestätigt oder ausgeschlossen werden und eine mögliche Ansteckungskette nachvollzogen werden. Auch bekommt man so die Hilfe, die man im Ernstfall braucht. Wichtig: **Da die Hotlines überlastet sind**, soll man sich dort nicht für allgemeine Fragen zum Corona-Virus melden. **Gute Anlaufstellen für aktuelle**

Informationen sind Nachrichtendienste, die Facebook-Seite vom Roten Kreuz oder das Sozialministerium.

Sich sozial von anderen zu distanzieren und in Quarantäne zu kommen, ist nicht lustig, aber notwendig. Manche Menschen berichten in Zeiten wie diesen von gefühlter sozialer Isolation. Bei Problemen können sich Kinder und Jugendliche an die 147 wenden, alle anderen an die 142. Auch ein Videochat mit Verwandten und Freunden kann manchmal Wunder wirken. Auch wenn wir in diesen Zeiten den physischen Kontakt mit anderen meiden müssen, müssen wir uns nicht sozial abgrenzen. Um sich die Zeit zu Hause zu vertreiben wird von verschiedenen Seiten bereits an Online-Workshops gearbeitet, auch gibt es einen Livestream für Schüler*innen.

Als erfolgreichste Maßnahmen, um sich nicht anzustecken, gilt nach wie vor: **zu Hause bleiben, direkten Kontakt zu anderen meiden und regelmäßig die Hände zu waschen! Bleibt gesund!**

II. Positiver Coronatest:

Wir reden schon fast ein ganzes Jahr darüber. Kein Thema kommt ohne aus. Fast keines. Und dann bekomme ich „es". Unverschuldet. Und es macht mir einen fetten Strich durch meine Rechnung.[2]

Corona. Du Arschloch. Wirklich. Ich meine, was soll das? Du greifst die Lungen an. Machst, dass wir Fieber bekommen. Und du nimmst uns auch noch den Geruchs- und Geschmackssinn. Ekelhaft. Und was du mit unserer Psyche anstellst, ist kaum in Worte zu fassen. Ich versuch's trotzdem mal.

Ich habe mal einen Artikel darüber geschrieben, warum Selbstisolierung als Single überhaupt nicht scheiße ist. Und dazu stehe ich nach wie vor, auch wenn ich aktuell ein bisschen dafür belächelt werde, nachdem sich meine „mental breakdowns" in der

---

[2] Vgl. https://futter.kleinezeitung.at/corona-positiv-isolation/

tatsächlichen Corona-Quarantäne, weil positiv getestet, gehäuft haben. Aber man muss unterscheiden. Das eine ist Selbstisolierung, um präventiv die Infektionszahlen gering zu halten, mit der Möglichkeit rauszugehen, einzukaufen oder dem Hund einen Spaziergang zu gönnen. Das andere ist **unverschuldete Einzelhaft**.

An Regeln gehalten und trotzdem Corona-positiv

Es trifft einen wie eine unerwartete Ohrfeige. Vor allem, weil man bis zum letzten Moment und trotz aller Symptome glaubt, es sei etwas anderes. Es könnte alles sein. Nur Corona nicht. Denn man hat sich ja an sämtliche Maßnahmen gehalten, brav Maske getragen und Abstand gehalten. Im Unterbewusstsein setzt das Gehirn bereits das Coronapuzzle aber zusammen: Kopfschmerzen, etwas Husten, Fieber, Müdigkeit.

Dann lässt man sich testen. Denn immerhin will man ja niemand in Gefahr bringen. Und eigentlich will man ja auch sein eigenes Gewissen beruhigen. Privates Testinstitut, das Ergebnis kommt noch am selben Tag. Per Mail. Außer es kommt ein Anruf. Doch dieser ist die **fixe Eintrittskarte in mindestens zehn Tage Quarantäne**. Weil: Wenn der Anruf kommt, dann wollen sie dir telefonisch mitteilen, dass du Corona hast. Und, dass sich die Behörden bei dir melden werden. Dabei hatte alles mit vermeintlichen Perioden-Kopfschmerzen angefangen. Und zwar am Montag, dem Nationalfeiertag.

Denn mein feiertäglicher Montag hatte eigentlich so begonnen:

„Geil. Danke Österreich, dass ich heute im Bett liegen bleiben und ausschlafen kann. Nationalfeiertage sind mir ja die liebsten. Da kann man ungeniert einfach nix tun. Weil Feiertag. Na ja, wären da nicht diese Kopfschmerzen. Scheiß Periode. Ist ja nicht das erste Mal, dass ich mich vor lauter Kopfschmerzen übergeben muss.“

Keinen Gedanken an Corona verschwendet. Warum auch? Es sind nur Kopfschmerzen.

Um mich herum stapeln sich die Umzugskartons. Die Teppiche sind alle gewaschen, gefaltet und in Kisten gestapelt. Genauso wie mein Geschirr, meine Badeutensilien, meine Medikamente und meine Kleidung. In zwei Tagen ist Schlüsselübergabe, in drei der große Umzug. In den Kisten nach Schmerztabletten zu wühlen — dazu fehlt mir die Kraft.

Ich gehe bereits um 22:00 Uhr schlafen. Das letzte Mal, als ich so früh schlafen ging, war ich vermutlich sieben. Und da war ich auch genervt. Schnell übergeben, das lindert auch die Kopfschmerzen und einschlafen versuchen. Klappt.

Dienstag

06:51 Uhr. Ich tippsel eine Nachricht an meine Redaktionsmädels: *„Mir gehts leider überhaupt nicht besser. Ich werde versuchen von zu Hause aus arbeiten.“* Noch immer kein Gedanke an Corona. **Martina**, unsere Redaktionsleiterin ruft mich an, um zu fragen, ob's mir gut geht und ob ich was brauchen würde. Ich heule ihr ins Telefon. Ein bisschen, weil mich ihre Fürsorge jedes Mal aufs Neue rührt. Und sehr viel, weil die Kopfschmerzen immer unerträglicher werden.

Die Tabletten hole ich mir dann aus der Apotheke gegenüber. Dann wird's besser. Kopfschmerzen weg, Abgeschlagenheit bleibt.

Später gegen Abend fühle ich mich fiebrig. Ich messe nach. 38,7. Scheiße. Dann erfahre ich auch noch, dass zwei Mädels in der Redaktion Fieber haben. Und Husten. Und, dass es ihnen allgemein nicht so gut ginge. Scheiße. Ähnlich wie mir. Die ersten Gedanken schnellen in meinen Kopf: Fuck. Corona.

Gerade noch habe ich Kisten mit meiner Mama gepackt und mich auf meinen Umzug gefreut und jetzt … fuck. Meine Mama war ja vergangene Woche hier. Vermutlich genau die Zeit, in der ich mich — wenn — angesteckt haben könnte. Scheiße. Die Schuldgefühle sorgen für Instant-Durchfall. Durchfall — übrigens auch ein Corona-Symptom. Aber, das schlimmste Symptom ist noch immer das schlechte Gewissen und die schlagartig im Kopf pochenden Fragen „*Wen habe ich die vergangenen Tage getroffen?*" oder viel richtiger „*Wen habe ich in meiner Zeit der Unwissenheit angesteckt?*"

Danach folgt ein Stimmungswechsel — wie eine Heiß-kalt-Dusche: Ich habe kein Corona. Woher denn? Mein Sozialleben ist doch schon auf quasi Nicht-existent heruntergefahren. Bis auf den einen Freund. Und die eine Freundin, die ich kürzlich besucht habe, weil ich sie davor selten besucht habe, weil sie schwanger war. Doch nun wollte ich endlich ihr Baby kennenlernen.

Die Wechseldusche dauert übrigens genauso lange an, bis der Anruf vom Testinstitut kommt. Dann die Gewissheit: positiv. Scheiße. Dann bleiben da nur noch die Symptome, angeführt vom Mutter-Symptom, dem **schlechten Gewissen**.

Das schlechte Gewissen schwindet, die Psyche geht hops

Das schlechte Gewissen bleibt vorerst. Nämlich genauso lang, bis man die Nachricht bekommt, dass all deine K1 (Kontaktperson 1) negativ sind und du zumindest das Virus nicht weiterverbreitet hast. Ab da fühlt man sich nur noch beschissen, weil die betroffenen K1, in den meisten Fällen Menschen, die dir am Herzen liegen, dennoch in Quarantäne müssen.

Auf das schlechte Gewissen folgt dann eine widerliche Kombo aus Wut und Frust. Frust darüber, dass du's gekriegt hast. Wut, wenn man sieht, wie nachsichtig die Leute trotz der ernsten Situation sind, selbst dann noch, wenn sie schon Corona-positiv sind. Leute, die die Quarantäne alleine nicht gebacken bekommen, dann — Corona-positiv — mit dem Auto in der Gegend herumdüsen und dir erzählen, laut Behörden wäre es okay, wenn man seinen Quarantäne-Ort einfach ändert. Nein, ist es nicht. Es ist sogar strafbar. Wenn es nicht gestattet ist, seinen Müll um 2:00 Uhr morgens runterzubringen, dann darfst du, liebste Virenschleuder, mit Sicherheit auch nicht zu deinem Freund fahren.

Das Verhalten zu kritisieren würde nichts bringen. Weder mir, noch der anderen Seite. Also schlucke ich. Und versuche es nicht an mich heran kommen zu lassen. So wie vieles seit der Gewissheit, dass ich Corona habe. Die vollen Kisten, die halb gestrichene Wand, die Tatsache, dass ich einen Topf und einen Teller für Essen habe. Aber egal, ist ja nicht so, als könnte ich auch nur ansatzweise etwas schmecken. Hinzu kommt dann auch noch eine heftige Blasenentzündung, weil mein Immunsystem offenbar so geschwächt ist, dass ich etwas bekomme, das ich sonst nie habe. Ein Arztbesuch fällt flach. Weil ich Corona habe. Denn nur wenige Tage später kommt die Implosion.

Die Implosion

Während die ersten Tage in Quarantäne noch halbwegs überbrückbar waren, wird das Ganze nach Tag sechs unerträglich. Mehrmals am Tag kommt der Anruf der besorgten Mutter mit den wiederkehrenden Fragen „*Hast du Schmerzen?*„, „*Hast du Fieber?*" „*Tut dir sonst was weh?*" Sie meint es nicht böse, eh klar, aber die Fragen kann man nicht mehr hören. Auch Freunde sind besorgt, nicht alle. Nach der Psyche fragt dennoch irgendwie niemand. Die scheint bei einer Corona-Infektion für Außenstehende zweitrangig. Aber nur solange bis die Leute merken, du kommunizierst anders. Oder du kommunizierst gar nicht mehr.

Aber wozu auch? Man verspürt halt keinen Drang zu kommunizieren. Worüber denn? Den Alltag vor dem Laptop und später vor dem Fernseher? Es fühlt sich an wie in einem Gefängnis, Einzelhaft trifft es noch besser. Und noch während man diese Gedanken im Kopf hat, flimmert eine Werbung über den Bildschirm, über Menschen in Dritte-Welt-Ländern. „*Menschen, die ihre Hilfe dringend benötigen*" hallt es aus dem Fernseher. Boom. Erneut schlechtes Gewissen. Diesmal weil man so ein privilegiertes Weißes-Mädchen-Verhalten an den Tag legt, nur weil man mal ein paar Tage nicht raus darf. Also versucht man den Schmerz und das Selbstmitleid zu ignorieren, weil man für sich selbst erachtet, dass es „*eh nix is*„. Die nächste Implosion wartet aber schon um die Ecke und erwischt einen eiskalt. Sodass man sich nicht mehr bewegen kann, Anrufer einfach läuten lässt und in eine mentale Schockstarre verfällt.

Die Erlösung

Das Erlösen –der Anruf vom Amtsarzt, der die Quarantäne beendet — scheint so nah und doch so fern. Denn er kommt nicht. Doch er hätte schon längst kommen sollen. Die Behörden sind vollkommen überlastet. Wenn man sich ein bisschen so umsieht — auch im engeren Freundeskreis — dann verwundert es nicht. Dann, beim finalen Anruf der Amtsärztin sagt sie auch noch, man wäre irgendwie *„durchgerutscht"*, weswegen der Anruf zwei Tage später kam. Wut über diesen Fauxpas kann man in diesem Moment nicht empfinden. Unmöglich. Weil man weiß, dass man schon am nächsten Tag einen Spaziergang machen darf.

III. Positive Meldungen:[3]

Corona bringt auch viel Gutes ?

Es tut sich sehr viel Positives und ein Wandel zeichnet sich ab. Medien und Politik versuchen zwar noch immer und verstärkt mit Angst die Menschen zu den verordneten Maßnahmen zu drängen, doch dies wird immer schwieriger, da es außer positiv Getesteten kaum Erkrankte gibt, und diese nur "normale" Grippesymptome zeigen (was zu dieser Jahreszeit nichts Außergewöhnliches ist). Erstaunlich ist, wie gleichgeschaltet in fast allen Ländern der Erde diese "Corona-Plandemie" durchgezogen wird. Dies zeigt uns aber auch, wie schnell wir alle Probleme dieser Welt lösen könnten,

[3] Vgl. http://www.initiative.cc/Artikel/2020_11_24_Corona-Positives.htm

würden sich alle zum Wohl von Mensch, Tier und Natur einsetzen und nicht die Macht irgendwelchen gierigen Lenkern und deren Profit und Machtdenken überlassen. Im Nu (innerhalb von Monaten oder wenigen Jahren) hätten wir ein Paradies auf Erden und alle Probleme gelöst. Somit bringt Corona auch viel Positives und wir möchten hier nur einige Punkte und Meldungen auflisten.

- Dies Krise stoppt unsere hektische und "ver-rückte" Zeit und bringt uns zum Nachdenken über die "selbstverständlichen" und sicher geglaubten Dinge. Luxus (auf Kosten anderer) wird hinterfragt.

- Veränderungen stehen schon seit langem an und in Vielen ist der Wunsch, dass diese Welt mal für eine Zeit still steht.

- Viele Menschen erkennen, dass hier vieles nicht mit rechten Dingen zugeht und dass uns Medien, Politik und Konzerne Corona als Vorwand nützen, um Dinge in Ihrem Sinne zu etablieren. Doch das wird nicht (so denken wir) nicht gelingen.

- Tausende Ärzte, Wissenschaftler stehen inzwischen auf und wagen auch öffentlich Kritik (auch wenn sie mit allen möglichen Dingen bedroht werden).

- Aus China kommen jeden Tage Waren im Wert von einer Milliarde Euro in Europa an. Die Unterbrechung der ("Just in Time") Lieferketten zeigt, wie abhängig wir von ausländischen Importen sind und wie leicht dies alles zusammenbricht (Auch ohne Black Out oder Ausfall des Internets). Die lokale Wirtschaft sollte daraus lernen.

- Der vielfach unnötige Reiseverkehr wird eingeschränkt und der ausufernde Flugverkehr geht zurück. Blauer "streifenfreier" Himmel ist wieder zu sehen.

- Weltraumbilder zeigen einen drastischen Rückgang der Umweltverschmutzung über China durch die Schließung von Fabriken - HIER

- Auch Schulen werden geschlossen und Schüler dürfen zuhause bleiben, erleben hier vielleicht verstärkt wieder familiäre Nähe!

- ....

Eigenverantwortung ist gefragt. Schauen Sie auf Ihre Gesundheit. Vermeiden Sie vor allem Elektrosmog und verwenden Sie Festnetztelefone und Festnetz Internet, damit ein etwaiges "Home-Office" oder Heim-Unterricht für sie und ihre Kinder nicht schädlich ist.

Auch Handys und Tablets können strahlungsfrei ans Festnetz-Internet angeschlossen werden - HIER

Positive Meldungen

- Österreichischer Verfassungsgerichtshof hat vieles aus dem Frühjahr aufgehoben siehe HIER

- Portugiesisches Berufungsgericht hält PCR-Tests für unzuverlässig und hebt Quarantäne auf - HIER oder HIER

- Corona-Demo in Italien: Polizisten halten zum Volk und nehmen Helme ab - HIER

- Dänemark hat sein Infektionsschutzgesetz gekippt! - HIER

- Spitzenpathologe Dr. Roger Hodkinson: Coronavirus sei „der größte Schwindel, der je an einer ahnungslosen Öffentlichkeit verübt wurde HIER oder HIER

- Ludwigsburg: Behörde lehnt Versammlung ab – Teilnehmer laufen trotzdem! HIER

- Dr. Mike Yeadon, ein ehemaliger Vizepräsident und 16 Jahre lang Chief Science Officer bei "PFIZER", sagt, dass die Hälfte oder sogar „fast alle" COVID-Tests falsch positiv seien. HIER

- Gastro-Registrierungspflicht verstößt gegen Datenschutz - HIER

- Servus TV als einziger österreichischer Sender, welcher hier kritisch berichtet und Kritiker zu Wort kommen lässt: So sagte z.Bsp. Hr. Wegscheider in einem seiner Wochenkommentare zur Zensur: *"Andererseits frage ich mich persönlich, wo da im Zweifelsfall das ärztliche Ethos bleibt, den Glauben an das journalistische Ethos habe ich ohnehin schon weitgehend aufgegeben.„* HIER

- "Die Pandemie ist vorbei": RA Ralf Ludwig führt in 4 Minuten aus - HIER

- ....

Rechtsanwälte, Ärzte, Wissenschaftler, ... schließen sich zusammen

- Ärzte und Rechtsanwälte schließen sich zusammen - Pressekonferenz Gründung des Außerparlamentarischen Corona Untersuchungsausschuss Österreich ACU-A - HIER

- Mediziner und Wissenschaftler für Gesundheit, Freiheit und Demokratie - https://www.mwgfd.de/

- Außerparlamentarischer Corona Untersuchungsausschuss - https://acu2020.org/

- Stiftung Corona Ausschuss - https://corona-ausschuss.de/

- Initiative für evidenzbasierte Corona Informationen - https://www.initiative-corona.info/
- Rechtsanwälte für Grundrechte und Aufklärung Österreich - https://www.afa-zone.at/
- WORLD DOCTORS ALLIANCE - https://worlddoctorsalliance.com/
- Klagepaten - https://klagepaten.eu/
- ....

Sonstiges

Das Potential

„Corona birgt das Potential, die Menschen zusammen zu bringen. Doch dies ist nur möglich, wenn jeder den Schmerz und die Angst des anderen erkennt und anerkennt. Jeder Mensch ist auf seine eigene Art betroffen. Es ist nicht leicht, Mitgefühl für jemanden zu empfinden, den man nicht versteht, und es ist vor allem nicht leicht, Verständnis zu entwickeln, wenn man sich nicht austauscht - mit der wahrhaftigen Intention, zu verstehen, nicht mit der Intention, im Recht zu sein.“ - Udo Grube

Sag mir, mein Herr: Warum hast Du den Menschen Ohren gegeben, wenn sie doch nie zuhören?
Mein Sohn, im Jahre 2020 werde ich eine Pandemie auf die Erde schicken.
Me gusta
Und dann werden sie zuhören?
Nein, aber dann brauchen sie sie, um die Maske zu befestigen.

Wenn an Weihnachten nur 6 Leute erlaubt sind aber 30 für eine Beerdigung, dann lade ich euch herzlich zur Beerdigung meines geliebten Truthahns ein, der leider am 25. sterben wird

Neale Walsch über die Zukunft Deutschlands

Aus dem Buch "Gespräche mit Gott" - von Neale Donald Walsch

Frage: "Lieber Gott, auch wenn's heiß ist - kannst Du mal erklären, wie es mit Deutschland weitergehen soll?" ...

Antwort: "Euer Schicksal ist speziell, denn es gibt kaum ein Land, dem jemals so übel mitgespielt wurde. Ihr habt alle Formen des Missbrauchs erlebt, euch wurde die Würde und die Ehre genommen. Ihr wurdet belogen und betrogen. Aus diesen Tiefen beginnt ihr euch zu erheben, jedoch ohne Hass, sondern aus der Mitte eures Herzens. Ihr wisst um die alchemistische Umwandlung von Schmerz in die Liebe. Genau das wird eure Triebfeder sein, die dann alle Menschen anstecken wird. Vertraut eurer Liebe, und stimmt den großen Gesang der Freiheit an!"

IV. Positiver Prozess:

«Wo wollen wir hin?

»Nena: "Befinden uns in einem intensiven Aufwachprozess"[4]

Die Sängerin sieht in der Corona-Krise auch eine Chance. Immer mehr Menschen seien bereit, für einen großen gesellschaftlichen Wandel.

Nena sieht in der Krise auch eine Chance.

[4] Vgl. https://www.stuttgarter-zeitung.de/inhalt.wo-wollen-wir-hin-nena-befinden-uns-in-einem-intensiven-aufwachprozess.89fe7c54-60a1-4717-b17c-2ca54cb08a95.html

München - Die Pop-Sängerin Nena (60) sieht nach eigenen Worten in der Corona-Krise eine Chance zur Entwicklung für die Gesellschaft. "Wir befinden uns in einem intensiven Aufwachprozess", sagte die Sängerin ("Licht") in einem Interview des Magazins "ADAC Motorwelt".

"Und wir als Menschengemeinschaft auf dieser Erde sollten jetzt ganz nah zusammenrücken und uns fragen: Wo wollen wir hin? Immer mehr Menschen sind bereit für den großen Wandel, der sich hier vollzieht." Vor der Pandemie hätten sich die Menschen in einer "künstlich aufgeplusterten Wohlstandsblase" befunden.

Mit Einschränkungen habe sie in den vergangenen Monaten weiterhin Konzerte geben können, berichtete Nena - etwa Open-Air-Konzerte, bei denen das Mitsingen verboten gewesen sei, oder Autokino-Konzerte.

Nena hatte im Oktober mit einem rätselhaften Instagram-Post Diskussionen um mögliche Verschwörungstheorien ausgelöst. Ihr Kollege Xavier Naidoo, der selbst auch im Zusammenhang mit Verschwörungsmythen aufgetaucht war, hatte den Post kommentiert. Nenas Management hatte der "Bild"-Zeitung daraufhin gesagt, dass Nena nicht zum Lager der Corona-Leugner zähle.

V. Positive Veränderungen:

OPTIMISMUS TROTZ CORONAVIRUS

Corona: Das sind 9 positive Veränderungen![5]

Sorgen um die Gesundheit und deutliche Beschränkungen im Alltag machen das Leben in Corona-Zeiten nicht immer einfach. Aber nicht alles ist schlecht. Hier sind neun Dinge, die sich momentan wegen Corona verbessern.

[5] Vgl. https://www.swr.de/home/corona-positive-auswirkungen-100.html

9. Homeoffice als Teil der Arbeitskultur

Durch das Virus sind nun eine Vielzahl von Arbeitgebern gezwungen, sich mit der Homeoffice-Thematik auseinanderzusetzen. Obwohl die Umstellung für viele erst einmal ungewohnt ist oder sein wird, bietet Homeoffice Chancen, die man nutzen sollte. Wie das Arbeiten zuhause funktionieren kann und welche Vorteile es bringt, wird **hier** ausführlicher erklärt.

Die Fortschritte auf diesem Gebiet könnten nach Ende der Pandemie vielen Vorteile bringen, wie etwa eine bessere Vereinbarkeit von Familie und Arbeit.

8. Ist Corona gut fürs Klima?

Bereits 2019 war in Deutschland klar, dass die Klimaziele 2020 nicht erreicht werden. Nun scheinen die CO2-Emissionen durch die Quarantäne zu sinken. Industriebetriebe bleiben geschlossen, der Reise- und Pendlerverkehr geht zurück. Satellitenbilder der NASA zeigen, dass Chinas Emissionen im Februar drastisch gesunken sind. Ähnliche Folgen sind bereits in Norditalien zu beobachten. Das Virus könnte also dazu beitragen, dass sich die Erderwärmung verlangsamt.

SWR Wissen: Weniger Luftverschmutzung in Norditalien - wegen Corona?

7. Krankheit und die deutsche Arbeitsmentalität

Spätestens jetzt werden hustende und schniefende Mitarbeiter schräg angesehen und nach Hause geschickt. Der Coronavirus macht klar, Kranke gehören ins Bett. Zur Arbeit sollte man erst dann wieder gehen, wenn man sich auskuriert hat. Das gilt bei allem Fleiß auch außerhalb von Corona-Krisen.

6. Wertschätzung für die Helden des Alltags

Wem es zuvor nicht schon klar war, dem wird spätestens in Corona-Zeiten noch einmal gezeigt, wie unverzichtbar einige Berufe in unserer Gesellschaft sind. Es sind die Menschen, die derzeit das Land am Laufen halten. Es ist schön, dass sie jetzt endlich die Anerkennung und Wertschätzung bekommen, die Ihnen zusteht.

Corona: Danke an alle, die jetzt weiterschaffen - Pflege, Landwirtschaft, Transport1 Min

Der Dank stoppt nicht an nationalen Grenzen. So bedanken sich beispielsweise die Spanier während der Ausgangssperre bei Sanitätern, Pflegekräften und Ärzten. Unter dem #AplausoSanitario wurde dazu aufgerufen, von Balkonen aus für das Gesundheitspersonal zu applaudieren.

5. Zusätzliche Zeit

Jetzt können Sie sich endlich den Dingen widmen, die typischerweise liegen bleiben. Ob es darum geht, den Garten fit für den Frühling zu machen, Zimmer- oder Balkonpflanzen zu ziehen, den Frühjahrsputz zu starten oder die Steuererklärung anzufangen. Nun können Sie auch endlich in Ruhe den Eltern oder Großeltern telefonisch erklären, wie man Videotelefonate führt. Außerdem finden Sie nun endlich Zeit, um das Buch zu lesen das schon ewig im Bücherregal steht. Auch die Serien oder Filme, auf die Sie sich eigentlich schon lange freuen, können Sie nun endlich sehen.

- **Gartentipps**
- **Buch der Woche**
- **Mediathek**
- **Kultur-Quarantäne-Paket**

4. Weniger Egoismus

Mit der Krise zeigt sich zum Glück auch die Menschlichkeit. Viele begeben sich in freiwillige Quarantäne, die zunehmenden Einschränkungen werden aktiv umgesetzt, Hamsterkäufe kritisiert, Corona-Partys verurteilt. Unter Hashtags wie #SocialDistancing #StayHomeChallenge #ShutDownGermany #FlattenTheCurve und #WirBleibenZuhause versuchen Nutzerinnen und Nutzer sozialer Medien noch mehr Menschen dazu zu animieren, dem Virus weniger Gelegenheit zur Ausbreitung zu geben. Der Schutz von **Risikogruppen** ist dabei besonders wichtig.

3. Das Bildungswesen, Corona und die digitale Welt

Noch im Oktober 2019 erklärte die Vorsitzende des Philologenverbands Rheinland-Pfalz, Cornelia Schwartz, bei "SWR Aktuell" woran die digitale Bildung scheiterte.

Nun wird das Bildungswesen mit den bundesweiten Schulschließungen zu digitalen Alternativen gedrängt. Glücklicherweise bewegt sich im Netz deswegen Einiges. So passt beispielsweise der SWR sein **Fernsehprogramm für Kinder und Jugendliche** an. Online-Lernangebote wie **planet-schule.de** und **planet-wissen.de** bieten unterstützende Lernmöglichkeiten für die Schülerinnen und Schüler.

Lernen mit Planet Schule!

Selbst kostenpflichtige Lern-Apps und einzelne Verlage schließen sich dem Trend an und bieten Rabatte oder sogar kostenlose Unterstützung an. Lehrer, Schülerinnen und Schüler nutzen Kommunikationssoftware, um sich per Chat oder Videokonferenz über den Unterrichtsstoff austauschen zu können. Obwohl das Ganze ein Sprung ins kalte Wasser ist, muss man sich bewusst machen: Der digitale Fortschritt an Schulen wird damit so intensiv gefördert wie noch nie zuvor.

2. Gesellschaftlicher Zusammenhalt

Von **Balkonkonzerten** bis hin zu den unzähligen **freiwilligen Helfern**, in Krisenzeiten zeigt sich die Solidarität. Schöne Beispiele gibt es auch bei uns, beispielsweise im **Westerwald**.

Colourbox

In den sozialen Medien gibt es zurzeit eine regelrechte Welle an Aufrufen #Solidaritaet #WirvsVirus #andràtuttobene (italienisch: „Alles wird gut"). Hilfstätigkeiten, wie zum Beispiel unter Nachbarn, sind insbesondere während Quarantäne und Ausgangssperren unverzichtbar und wichtig. Falls Sie die Möglichkeit haben, ist nun eine gute Zeit, um sich der **#NachbarschaftsChallenge** anzuschließen.

1. Gelegenheit zum Nachdenken

Nun, wo gerade so vieles zum Stillstand kommt, ist Zeit, um einmal darüber nachzudenken, was wirklich wichtig ist. Im Selbstverständnis des Alltags vergisst man manchmal, sich und andere wertzuschätzen. Krisenzeiten wie diese zeigen uns, wie viele Freiheiten wir normalerweise genießen können. Die Coronakrise lehrt uns, auch die scheinbar einfachen und nebensächlichen Dinge um uns herum wieder zu würdigen und unsere Prioritäten neu zu sortieren.

Was haben Sie in Ihrem Alltag Positives beobachtet? Schreiben Sie uns gerne Ihren Kommentar.

VI. Corona Hilfe:

NACHBARSCHAFTSHILFE IN RHEINLAND-PFALZ

Einkaufen, Kinderbetreuung & Co.: Hier bekommen Sie Corona-Hilfe[6]

Wir sollen alle schön zu Hause bleiben, damit sich das Coronavirus nicht so ausbreitet. Aber wer geht dann einkaufen und den Hund ausführen? Und wer hilft Menschen, die in Quarantäne sind? Hier bekommen Sie Hilfe!

---

[6] Vgl. https://www.swr.de/swr4/programm-rp/nachbarschaftshilfe-coronahilfe-rheinland-pfalz-100.html

In der Not kommen Ideen - so auch im **Westerwald**. Björn Flick aus Oberroßbach und Christian Döring aus Obersayn sind alte Freunde. Dass man jetzt handeln muss, war beiden klar. Denn durch die Einschränkungen wegen des Coronavirus stellen sich viele Fragen - von der Hilfe beim Einkaufen bis zum Gassigehen mit dem Hund.

Hilfsangebote vom Einkaufen bis zur Kinderbetreuung

Die beiden Männer gründeten bei Facebook eine Gruppe mit dem Namen **"Wäller helfen"**. Mittlerweile ist sie schon auf über 5.500 Mitglieder angewachsen. "Die Hilfsangebote sind überwältigend", sagt Björn Flick im Gespräch mit SWR4. Menschen bieten sich an einzukaufen oder Transporte mit dem Auto zu übernehmen, immer nach dem Motto "Wir Wäller schaffen das!". In Westerburg betreuen Arbeitskollegen wechselseitig ihre Kinder, damit jeder seine Schicht wahrnehmen kann. In Obersayn übernimmt jemand den Hund, damit die Kollegin auf der Rettungsleitstelle jetzt 12 Stunden arbeiten kann statt der üblichen acht Stunden.

Westerwälder helfen sich über Facebook2 Min

Ein neues Gefühl von Zusammengehörigkeit

So kommt bei allem Corona-Frust ein neues Gefühl von Zusammengehörigkeit auf. Die "Wäller" stehen zusammen, keiner soll einsam oder hilflos sein. Und wer kein Internet hat und kein Facebook? "Der kann sich an Kinder, Enkel oder junge Nachbarn wenden, die sich damit auskennen", sagt Björn Flick. Er ist sich sicher, dass diese Helfergruppe im Internet auch in den nächsten Tagen noch kräftig wachsen wird. Auch an anderen Orten entstehen Netzwerke für Nachbarschaftshilfe.

Koblenz: Einkaufshilfe für Risikogruppen

Philip Rünz aus Koblenz hat zusammen mit vier Freunden eine Initiative gestartet. Die Studenten möchten Menschen, die von einer Infektion mit dem Coronavirus besonders gefährdet wären, den Gang in den Supermarkt abnehmen. "Bis montags nehmen wir Anfragen aus Koblenz (inklusive Vororte) an und liefern ab dienstags die bestellten Lebensmittel direkt vor die Haustür. Die Bezahlung erfolgt unkompliziert und sicher in bar", schreibt Philip in einer E-Mail an SWR4.

Interessierte aus Koblenz und Vororten können die Helfer telefonisch erreichen unter der **0159 01170989** oder per E-Mail an **studisgegencorona@gmail.com**.

Kaiserslautern: Einkaufen, Nachhilfe und Kinderbetreuung

Ann Kristin Rahm und ihre Freunde haben bei Facebook eine Gruppe gegründet, um Menschen beim Einkaufen, bei der Nachhilfe oder bei der Kinderbetreuung zu unterstützen. "Im Moment konzentriert sich das Ganze auf Kaiserslautern", schreibt die Initiatorin, "aber es wäre schön, wenn auch Mitglieder aus anderen Städten dazu kommen würden." Wichtig ist ihr auch, ältere Menschen zu erreichen, die keinen Internetzugang haben.

Wer dies liest, darf gerne folgende Telefonnummer an Interessierte aus Kaiserslautern und Umgebung weitergeben: **0176 70020392**.

Weitere Angebote für Nachbarschaftshilfe in der Coronakrise

Vielerorts gibt es das lokale Netzwerk von nebenan.de, wo man sich einfach für seinen unmittelbaren Umkreis registrieren kann. Ebenso gibt es Facebookgruppen, WhatsApp- und Telegramgruppen.

Andere Angebote sammeln zentral Hilfsangebote und -anfragen, so etwa die Seite "Wir helfen". Hier kann man ohne Registrierung Hilfe finden oder anbieten. Oder man schaut auf der interaktiven Karte, wie viele Hilfsangebote es in seiner Region gibt.

VII. Corona Solidarität:

#NACHBARSCHAFTSCHALLENGE

Solidarität in der Corona-Krise[7]

Vor allem für Ältere und Menschen mit Vorerkrankungen ist das Coronavirus eine große Gefahr. Deshalb müssen wir uns gegenseitig helfen: In den Sozialen Netzwerken wird immer mehr zur solidarischen Hilfe aufgerufen - unter dem Hashtag #NachbarschaftsChallenge.

7 Vgl. https://www.swr.de/swr1/bw/programm/nachbarschaftschallenge-corona-hilfe-100.html

#NachbarschaftsChallenge

Einkäufe erledigen, Rezepte vom Arzt oder Rezepte aus der Apotheke holen oder einfach telefonieren, damit sie nicht so alleine sind: wer über 65 ist und/oder ein geschwächtes Immunsystem hat, ist durch den Coronavirus gefährdet und an Wohnung oder Haus gefesselt.

»Liebe Nachbarn, sollten Sie über 65 Jahre alt sein und zur Risikogruppe gehören, möchten wir Ihnen unsere Hilfe anbieten...«

Viele Menschen in den Sozialen Medien haben deshalb Solidaritätsaktionen gestartet, um Menschen in ihrem direkten Umfeld zu helfen. In Facebook- und Whatsappgruppen bieten Freiwillige ihre Hilfe an, wie beispielsweise Daniela Kiesewetter aus Hamburg.

Baden-Württemberger helfen

Die Caritas Stuttgart will Menschen, die Hilfe brauchen, mit denen zusammenbringen, die helfen können:

Vernetzungs-Angebote für Baden-Württemberg

In Stuttgart und Umgebung bieten Ehrenamtliche auf Corona-Hilfeleistung.de Kinderbetreuung, Gassi- und Einkaufsservice an. Wer Hilfe sucht oder bietet kann sich hier anmelden.

Auf der Website wirhelfen.eu gibt es eine interaktive Karte, mit der sich Hilfsbedürftige und Helfende vernetzen können. Freiwillige können beispielsweise ihre Unterstützung beim Einkaufen oder der bei der Kinderbetreuung anbieten. Oder sie teilen Desinfektionsmittel, Zeit zum Reden oder stellen einen Fahrservice bereit.

Wer trotz Quarantäne nicht auf Sport verzichten will, findet auf helpunity.eu/stay-healthy Online Fitnesskurse, digitale Meetups und Angebote, um geistig fit zu bleiben.

Auf nebenan.de können sich Nachbarinnen und Nachbarn vernetzen. Nach eigenen Angaben hat die Plattform 1,4 Millionen Mitglieder (Stand: Dezember 2019). Durch die Coronakrise hätten sich fünfmal so viele Mitglieder neu registriert wie sonst. „Wir beobachten eine Welle der Solidarität“, schreibt nebenan.de. Die Aktivität auf der Plattform habe sich verdoppelt.

Gezielt den Menschen helfen, die in Quarantäne sind, können Freiwillige auf der Website quarantaenehelden.org. Dort kann man Menschen unterstützen, die eine Vorerkrankung haben oder sich momentan in Quarantäne befinden.

Kirchen streamen ihre Gottesdienste verstärkt und bieten über das Internet Seelsorge an, wie beispielsweise die evangelische Kirche in Deutschland.

Landesregierung bittet um Hilfe

Vor allem jüngeren Einwohner*innen solten bitte den von Corona betroffenen Menschen helfen - zum Beispiel bei Einkäufen oder anderen Erledigungen.

»Machen Sie Aushänge in Ihrem Wohnhaus, in ihrer Straße oder Viertel. Nutzen Sie die sozialen Medien, um sich zu vernetzen und Angebote mitzuteilen!"

Gesundheitsminister Manfred Lucha

So helfen Sie älteren und geschwächten Menschen

- Machen Sie Aushänge mit Hilfsangeboten in Ihren Wohnhäusern. Umgekehrt können Sie, wenn Sie Unterstützung benötigen, selbst einen Aushang machen oder sprechen Sie Nachbarn an.

- Nutzen Sie den Hashtag #NachbarschaftsChallenge auf Twitter, Mastodon oder Instagram, um Angebote zu machen, zu koordinieren oder anzufragen. Ergänzen Sie am besten den Hashtag mit Ihrem Wohnort, zum Beispiel #NachbarschaftsChallengeKarlsruhe oder #NachbarschaftsChallengeBiberach

- Nutzen Sie bestehende, lokale Facebook- oder Messenger-Gruppen, die zum Beispiel normalerweise als lokale Tauschbörse dienen, um Hilfsangebote zu unterbreiten oder zu koordinieren.

Quelle: Ministerium für Soziales und Integration Baden-Württemberg

Solidarität und Grundeinkommen für Selbstständige

Abgesagte Konzerte und Veranstaltungen bedrohen aktuell die Existenz von Künstlern und Freiberuflern. Aus diesem Grund mehren sich Solidaritäts- und Spendenaufrufe. Agenturen bitten mit dem Hashtag #AktionTicketBehalten Konzertbesucher darum, bereits gekaufte Tickets zu behalten und den Beitrag symbolisch zu spenden. Dadurch sollen die Künstler und Veranstalter vor der (Privat-)Insolvenz bewahrt werden. Freiberufler fordern außerdem ein bedingungsloses Grundeinkommen.

Die Online-Petition haben (Stand vom 18.3.2020) bereits über 200.000 Menschen unterzeichnet.

NachbarschaftsChallenge-Idee kommt aus Österreich

Die Idee zur Nachbarschaftshilfe in Zeiten von Corona stammt übrigens aus Wien: Eine Bewohnerin eines Mehrfamilienhauses hat einen Brief gepostet, in dem zwei Bewohner ihre Hilfe in Zeiten der Corona-Virus-Krise anbieten.

Applaus für Ärzte und Krankenschwestern

In Köln zum Beispiel hatten sich die Bürger abends an ihre offenen Fenster gestellt, um den "Corona-Helden" zu applaudieren. "Lasst uns mit einer Geste zusammenhalten und unseren Ärzten, Sanitätern, Krankenpflegern und all den Helden, die gerade jetzt für unsere Gesundheit und für unsere Sicherheit sorgen nach spanischem Vorbild danken", hieß es in der öffentlichen Facebook-Veranstaltung.

Printed by Books on Demand GmbH, Norderstedt / Germany